21 nombres de Dios y sus significados

NOMBRES *de* DIOS

21 nombres de Dios

El significado de cada nombre

Referencias bíblicas

Adorar a Dios de un modo nuevo

Meditar en las características de Dios

ROSE ESPAÑOL

Nombre de Dios	Significado
ADONAI	El Señor Mi gran Señor
EL	El fuerte
EL ELOHE ISRAEL	Dios, el Dios de Israel
EL ELYÓN	El Dios Altísimo
ELOHIM	El Creador todopoderoso
EL OLAM	El Dios eterno
EL-ROI	El Dios que me ve
EL-SHADDAI	El todo suficiente, El Dios de las montañas, Dios Todopoderoso
EMANUEL	Dios con nosotros "YO SOY"
JEHOVÁ	"YO SOY", el que es autoexistente
JEHOVÁ-JIREH	El Señor proveerá

Aplicación

Dios es el Amo y el Señor majestuoso. Dios es nuestra autoridad plena.

El es más poderoso que cualquier dios falso. Dios vencerá todos los obstáculos. Nosotros podemos depender de Dios.

El Dios de Israel es totalmente distinto de todos los dioses falsos y es único; nadie es como Él.

Él es el Dios soberano en quien podemos colocar nuestra confianza. El Elyón tiene supremacía sobre todos los dioses falsos.

Dios es el creador todopoderoso del universo. Dios conoce todo, crea todas las cosas y está en todas partes en todo momento. Es el plural de "El".

Él es el Principio y el Fin, el que lleva a cabo sus propósitos a través de las edades. Él da fuerzas al fatigado.

No existe ninguna circunstancia de nuestra vida que escape de su conocimiento y cuidado paternales. Dios nos conoce a nosotros y nuestros problemas.

Dios es la fuente inagotable de toda bendición. Dios es todopoderoso. Nuestros problemas no son demasiado grandes como para que Dios no los pueda manejar.

Jesús es Dios entre nosotros. En Él habita corporalmente toda la plenitud de la Deidad.

Dios nunca cambia. Sus promesas nunca fallan. Cuando nosotros somos infieles, Él es fiel. Es necesario que lo obedezcamos.

Así como Dios proveyó un carnero como sustituto de Isaac, Él proveyó a su hijo Jesús como el sacrificio definitivo. Dios suplirá todas nuestras necesidades.

Comentarios

Se conoce también como Yahvéh-Mekaddesh. Nosotros hemos sido apartados, hechos santos y redimidos por la sangre de Jesucristo, nuestro *Jehová-Mekaddesh*. Por lo tanto, debemos continuar viviendo una vida santa y que agrade a Dios (1 Pedro 1:13-25).

También se conoce como Yahvéh-Nissi. Nombre del altar que edificó Moisés después de derrotar a los amalecitas en Refidim. Isaías profetiza que la "raíz de Isaí" (Jesús) se levantará como un estandarte para los pueblos (Isaías 11:10).

Se conoce también como Yahvéh-Rafa. Jesús demostró que Él era *Jehová-Rafa* al curar a los enfermos, a los ciegos, a los paralíticos, y al echar fuera demonios. Jesús también sana a su pueblo del pecado y de la injusticia (Lucas 5:31,32).

Conocido también como Yahvéh-Ra'ah. Jesús es el buen pastor que puso su vida por todas las personas.

Conocido también como Yahvéh-Sabaot. Muchas versiones españolas de la Biblia traducen *Sabaot* por Todopoderoso. "Jehová-Sabaot" se traduce a menudo *El Señor Todopoderoso. Sabaot* también se traduce como *Huestes o Ejércitos celestiales.*

También se conoce como Yahvéh-Shalom. Nombre del altar que Gedeón edificó en Ofra como recordatorio del mensaje de Dios, "Paz a ti". Isaías nos dice que el Mesías también será conocido como el "Príncipe de paz", nuestro *Jehová-Shalom* (Isaías 9:6).

Conocido también como Yahvéh-Sama. Dios le reveló a Ezequiel que el nombre de la nueva Jerusalén será "el Señor está presente". El Espíritu de Dios mora en nosotros por medio de Jesucristo (1 Corintios 3:16).

Se conoce también como Yahvéh-Tsidkenu. Todas las personas pecan y están destituidas de la gloria de Dios, pero Él gratuitamente nos hace justos por medio de la fe en Jesucristo (Romanos 3:22,23). Dios promete enviar a un rey que reinará sabiamente y que hará lo que es justo y recto. La gente vivirá segura (Jeremías 23:5,6).

Forma abreviada de *Yahvéh*. Se utiliza a menudo en combinación con otros nombres o frases. *Aleluya* significa "Alabanza a Jah (el Señor)"; *Elías* quiere decir "Dios es Jah (el Señor)"; y *Josué* significa "Jah (el Señor) es mi salvación".

Nombre de Dios revelado a Moisés. También se lo denomina tetragrama ("cuatro letras"). Aparece alrededor de 6800 veces. En las versiones españolas de la Biblia se traduce "Jehová" o "Señor", en este último caso se debe a que se convirtió en práctica común que los judíos dijeran "Señor" (Adonai) en vez de pronunciar el nombre *YHWH (YHVH).*

Referencias bíblicas

Salmo 8; Isaías 40:3-5
Ezequiel 16:8; Habacuc 3:19

Éxodo 15:2; Números 23:22
Deuteronomio 7:9 (Marcos 15:34)

Génesis 33:20; Éxodo 5:1
Salmo 68:8; Salmo 106:48

Génesis 14:17-22; Salmo 78:35
Daniel 4:34 (Hechos 16:17)

Génesis 1:1-3; Deuteronomio 10:17
Salmo 68 (Marcos 13:19)

Génesis 21:33; Salmo 90:1,2
Isaías 40:28 (Romanos 1:20)

Génesis 16:11-14; Salmo 139:7-12

Génesis 17:1-3; 48:3; 49:25
Génesis 35:11; Salmo 90:2

Isaías 7:14; 8:8-10 (Mateo 1:23)

Éxodo 3:14; Éxodo 6:2-4
Éxodo 34:5-7; Salmo 102

Génesis 22:13,14; Salmo 23
(Marcos 10:45; Romanos 8:2)

Referencias bíblicas

Éxodo 31:12,13 (1 Pedro 1:15,16;
Hebreos 13:12; 1 Tesalonicenses 5:23,24)

Éxodo 17:15,16; Deuteronomio 20:3,4
Isaías 11:10-12 (Efesios 6:10-18)

Éxodo 15:25-27; Salmo 103:3
Salmo 147:3 (1 Pedro 2:24)

Salmo 23:1-3; Isaías 53:6 (Juan 10:14-18;
Hebreos 13:20; Apocalipsis 7:17)

1 Samuel 1:3; 1 Samuel 17:45; Salmo 46:7
Malaquías 1:10-14 (Romanos 9:29)

Números 6:22-27; Jueces 6:22-24
Isaías 9:6 (Hebreos 13:20)

Ezequiel 48:35; Salmo 46
(Mateo 28:20; Apocalipsis 21)

Jeremías 23:5,6; 33:16; Ezequiel 36:26,27
(2 Corintios 5:21)

Éxodo 3:14; 15:2; Salmo 46:1
Salmo 68:4; Isaías 26:4

Éxodo 3:14; Malaquías 3:6

Comentarios

Adonai (plural) deriva del singular *Adon* (Señor). Este término se expresaba para reemplazar a *YHWH* (que se consideraba demasiado sagrado como para ser pronunciado).

Aparece más de 200 veces en el Antiguo Testamento (incluyendo las formas compuestas). Nombre semítico genérico para Dios, utilizado por otras culturas para referirse a sus deidades. *El* se emplea en nombres propios compuestos tales como Isra-*el* (el que lucha con Dios), Bet-*el* (casa de Dios), y *El*-iseo (Dios es salvación).

Es el nombre del altar que Jacob (Israel) erigió después de su enfrentamiento con Dios y de la bendición de Dios sobre él (Génesis 32:24-30; Génesis 33:19,20).

Melquisedec, el rey de Salem (Jeru "Salem") y sacerdote del Dios Altísimo, se refirió en dos oportunidades a Dios como "El Elyón" cuando bendijo a Abram.

Forma plural de *El*. Este nombre generalmente se asocia a Dios en relación con su creación. Algunos utilizan la palabra plural "Elohim" como prueba de la Trinidad (Génesis 1:26). *Elohim* también se emplea para referirse a los dioses falsos e incluso a los jueces humanos (Salmo 82:6,7; Juan 10:34).

Jesucristo posee atributos eternos. Él es el mismo ayer, y hoy y para siempre (Hebreos 13:8). Él obtuvo para nosotros la redención eterna (Hebreos 9:12).

Agar llamó al Señor con este nombre junto al pozo de agua en el desierto. Dios conoce todos nuestros pensamientos y sentimientos. Jesús conocía los pensamientos de aquellos que lo rodeaban, lo que demostraba que Él es *El-Roi* (Mateo 22:18; 26:21,34; Lucas 5:21-24).

Algunos eruditos sugieren que *Shaddai* se refiere al poder de Dios manifestado en su juicio. Otros proponen que *El Shaddai* significa "Dios de las montañas". Dios se refiere a sí mismo como "El-Shaddai" cuando confirma su pacto con Abraham.

Este nombre indica que Jesús es más que un hombre. Él también es Dios. Isaías dijo que el niño que iba a nacer de la virgen sería llamado "Emanuel" (Isaías 7:14; 9:3). Él es el resplandor de la gloria de Dios y la representación exacta de su naturaleza (Hebreos 1:3).

Un traductor alemán del siglo XVI escribió el nombre *YHVH (YHWH)* utilizando las vocales de *Adonai* debido a que los textos judíos antiguos que estaba traduciendo tenían las vocales de *Adonai* debajo de las consonantes de *YHVH*. Al hacerlo, ideó el nombre *YaHoVaH*.

Conocido también como YHWH-Jireh o Yahvéh-Jireh. Abraham llamó "el Señor proveerá" al sitio donde Dios le proveyó un carnero para que lo sacrificara en lugar de su hijo Isaac. Jesús dijo que Él era el pan de vida y que todo el que fuera a Él hallaría provisión (Juan 6:35).

continúa...

Aplicación

Dios aparta un pueblo escogido, santo para Dios, un real sacerdocio, un pueblo propio. Él limpia nuestro pecado y nos ayuda a madurar.

Dios nos da la victoria contra la carne, contra el mundo y contra el diablo. Nuestras batallas son sus batallas de la luz contra las tinieblas y del bien en contra del mal.

Dios ha provisto en Jesucristo la sanidad definitiva para la enfermedad espiritual, física y emocional. Dios puede sanarnos.

El Señor protege, provee, dirige, guía y cuida a su pueblo. Dios nos cuida tiernamente como un pastor poderoso y paciente.

El Señor de las huestes celestiales cumplirá siempre sus propósitos, aun cuando fracasen las huestes de su pueblo terrenal.

Dios derrota a nuestros enemigos para darnos paz. Jesús es nuestro Príncipe de paz. Dios da paz y armonía interior.

La presencia del Señor no está limitada o circunscripta al tabernáculo o al templo, sino que es accesible para todos los que lo aman y lo obedecen.

Jesús es el rey que vendría del linaje de David, y es quien nos imparte su justicia.

Dios nunca cambia. Sus promesas nunca fallan. Cuando nosotros somos infieles, Él es fiel. Dios promete su presencia continua.

Dios nunca cambia. Sus promesas nunca fallan. Cuando nosotros somos infieles, Él es fiel.

Nombre de Dios	Significado
JEHOVÁ-MEKADDESH	El Señor que santifica
JEHOVÁ-NISSI	El Señor es mi bandera
JEHOVÁ-RAFA	El Señor sana
JEHOVÁ-ROHI	El Señor es mi pastor
JEHOVÁ-SABAOT	El Señor de los Ejércitos
JEHOVÁ-SHALOM	El Señor es paz
JEHOVÁ-SHAMMAH	El Señor está presente El Señor es mi compañero
JEHOVÁ-TSIDKENU	El Señor nuestra justicia
JAH	"YO SOY", el que es autoexistente
YHWH / YHVH	"YO SOY", el que es autoexistente

Jesús es

Dios: "En el principio era el Verbo, y el Verbo era con Dios, y el Verbo era Dios" (Juan 1:1).

Uno con Dios: "Yo y el Padre uno somos" (Juan 10:30).

Eterno: "Y él puso su diestra sobre mí, diciéndome: No temas; yo soy el primero y el último" (Apocalipsis 1:17b).

Omnipresente: (Presente en todas partes) "Y [Dios] sometió todas las cosas bajo sus pies, y lo dio por cabeza sobre todas las cosas a la iglesia, la cual es su cuerpo, la plenitud de Aquel que todo lo llena en todo" (Efesios 1:22,23).

Omnisciente: (Todo lo sabe) "Señor, tú lo sabes todo..." (Juan 21:17).

Dador de vida: "En él estaba la vida, y la vida era la luz de los hombres" (Juan 1:4).

A Jesús a menudo se lo denomina o se lo compara con los nombres de Dios del Antiguo Testamento. Jesús hacía alusión a su naturaleza divina al compararse con varios de los nombres que se utilizaban para Dios.

El Olam: El principio y el fin: "Yo soy el Alfa y la Omega, el principio y el fin, el primero y el último" (Apocalipsis 22:13).

Jehová-Jireh: El Señor proveerá: "Yo soy el pan de vida; el que a mí viene, nunca tendrá hambre; y el que en mí cree, no tendrá sed jamás" (Juan 6:35).

Jehová-Rohi: El Señor es mi pastor: "Yo soy el buen pastor; el buen pastor su vida da por las ovejas" (Juan 10:11).

Jehová-Tsidkenu: El Señor es justicia: "Al que no conoció pecado, por nosotros lo hizo pecado, para que nosotros fuésemos hechos justicia de Dios en él" (2 Corintios 5:21).

Jehová-Rafa: El Señor sana: "Quien llevó él mismo nuestros pecados en su cuerpo sobre el madero, para que nosotros, estando muertos en los pecados, vivamos a la justicia; y por cuya herida fuisteis sanados" (1 Pedro 2:24).

El-Shaddai: El todo suficiente: "...Bástate mi gracia..." (2 Corintios 12:9).

Emanuel: Dios con nosotros: "...llamarás su nombre Emanuel, que traducido es: Dios con nosotros" (Mateo 1:23).

Jehová-Shalom: El Señor es paz: "La paz os dejo, mi paz os doy..." (Juan 14:27).

Reflexión Personal

¿Sabías que…?

- El primer nombre que aparece en la Biblia es la quinta palabra, ¡DIOS! (Génesis 1:1)
- El nombre de Dios en Génesis 1:1 es Elohim.
- Elohim se encuentra más de 2300 veces en la Biblia en referencia a Dios.
- En el Salmo 68, Elohim se emplea 26 veces.
- Los tres nombres más esenciales de Dios son El, Elohim y Yahvéh (Jehová).
- Dios desea una relación personal con nosotros. Ver Génesis 17:1-8 y Salmo 91.

Jehová-Sabaot

A lo largo de las Escrituras, el pueblo de Dios clamaba a Jehová-Sabaot en momentos de desesperación. Algunos ejemplos aparecen en 1 Samuel. Lee los pasajes siguientes y observa la manera en que el Señor de los Ejércitos (Huestes) ayudó a Ana y a David en los momentos de gran consternación y necesidad que atravesaron.

– 1 Samuel 1:1-20
– 1 Samuel 17:41-47

Las cosas a veces parecen tan abrumadoras que nos encontramos sumidos en un estado de desesperación total. La desesperación puede ser provocada por dificultades financieras, emocionales, espirituales o físicas. La Biblia nos promete que si nos acercamos a Dios con un corazón justo (Proverbios 18:10), Él nos librará en medio de nuestros problemas, tal como libró a Ana y a David. En una hoja de papel o en tu diario personal, dedica unos minutos para reflexionar y anotar algunas de las ocasiones en que Jehová-Sabaot te libró de angustia, y clama a Él para que te ayude en la necesidad que atraviesas en este momento.

Versículos asombrosos acerca del Señor de los Ejércitos

Génesis 2:1	Daniel 4:35	Salmo 148:1,2	Nehemías 9:6
1 Reyes 22:19	Salmo 68:17	Mateo 25:31	Mateo 26:53

¿Qué te dicen estos versículos acerca de Dios?
Ora pidiéndole a Jesús que te abra el entendimiento para comprender las Escrituras (Lucas 24:45).

El Salmo 23 y los nombres de Dios

Reflexiona sobre la manera en que el Salmo 23 se refiere a Dios, quien siempre está contigo.

Versículo 1: Jehová es mi pastor – Jehová-Rohi
Nada me faltará – Jehová-Jireh
Versículo 2: En lugares de delicados pastos me hará descansar; junto a aguas de reposo me pastoreará – Jehová-Shalom
Versículo 3: Confortará mi alma – Jehová-Rafa
Me guiará por senda de justicia por amor de su nombre – Jehová-Tsidkenu
Versículo 5: Unges mi cabeza con aceite – Jehová-Mekaddesh

¿Lo sabías?

"¿No has sabido, no has oído que el Dios eterno es Jehová,
el cual creó los confines de la tierra? No desfallece,
ni se fatiga con cansancio, y su entendimiento no hay quien lo alcance.
Él da esfuerzo al cansado, y multiplica las fuerzas al que no tiene ningunas…
pero los que esperan en Jehová tendrán nuevas fuerzas;
levantarán alas como las águilas; correrán y no se cansarán;
caminarán, y no se fatigarán" (Isaías 40:28,29,31).

Adora a Dios

Escoge uno de los nombres de Dios. ¿Qué significa para ti en lo personal?
Escribe una oración o un canto de adoración y honra a Dios empleando uno de sus nombres.

NOMBRES *de* DIOS

JEHOVÁ-ROHI - EL SEÑOR ES MI PASTOR

Salmo 23:1,2 - Jehová es mi pastor, nada me faltará. En lugares de delicados pastos me hará descansar, junto a aguas de reposo me pastoreará.

ADONAI - EL SEÑOR

Salmo 8:1 - ¡Oh, Jehová, Señor nuestro, cuán glorioso es tu nombre en toda la tierra!

ELOHIM - EL TODOPODEROSO

Génesis 1:1 - En el principio creó Dios los cielos y la tierra.

YHWH - "YO SOY"

Éxodo 3:14 - Y respondió Dios a Moisés: YO SOY EL QUE SOY. Y dijo: Así dirás a los hijos de Israel: YO SOY me ha enviado a vosotros.

Éxodo 15:2 - Jehová es mi fortaleza y mi cántico, y ha sido mi salvación. Este es mi Dios, y lo alabaré, Dios de mi padre, y lo enalteceré.

Deuteronomio 7:9 - Conoce, pues, que Jehová tu Dios es Dios, Dios fiel, que guarda el pacto y la misericordia a los que le aman y guardan sus mandamientos, hasta mil generaciones.

ROSE
ESPAÑOL

Publicado por Rose Español
Un sello editorial de Tyndale House Ministries

www.hendricksonrose.com

Impreso en EE. UU. 080524GPA

Traducción al español: Alicia Ana Güerci

ISBN 978-1-62862-907-1

9 781628 629071

S452X *Nombres de Dios*